TIME
FOR KIDS

Animales
de la jungla
en peligro

William B. Rice

Consultores

Timothy Rasinski, Ph.D.
Kent State University

Lori Oczkus
Consultora de alfabetización

Thorsten Pape
Entrenador de animales

Basado en textos extraídos de
TIME For Kids. TIME For Kids y el logotipo
de *TIME For Kids* son marcas registradas
de TIME Inc. Utilizados bajo licencia.

Créditos de publicación

Dona Herweck Rice, *Jefa de redacción*
Conni Medina, *Directora editorial*
Lee Aucoin, *Directora creativa*
Jamey Acosta, *Editora principal*
Heidi Fiedler, *Editora*
Lexa Hoang, *Diseñadora*
Stephanie Reid, *Editora de fotografía*
Rachelle Cracchiolo, *M.S.Ed.,*
   Editora comercial

Créditos de imágenes: págs.43 (abajo),
46, 52 (abajo), 56, 57 (arriba) Alamy; pág.57
(abajo) Corbis; págs.22–23, 48–49 Getty
Images; págs.28, 35 (abajo) iStockphoto;
pág.51 (abajo) Roger Tidman/FLPA Image
Broker/Newscom; págs.52–53 Tom Hamer/
The National Park Service; págs.8–9, 10–11,
32–33 (ilustraciones) Kevin Panter; pág.12
(abajo) Photo Researchers Inc.; pág.24
(abajo) Aiwok [CC-BY-SA]/Wikimedia;
pág.40 Mark Pellegrini [CC-BY-SA]/
Wikimedia; pág.41 Robert Nash [CC-BY]/
Wikimedia; todas las demás imágenes son
de Shutterstock.

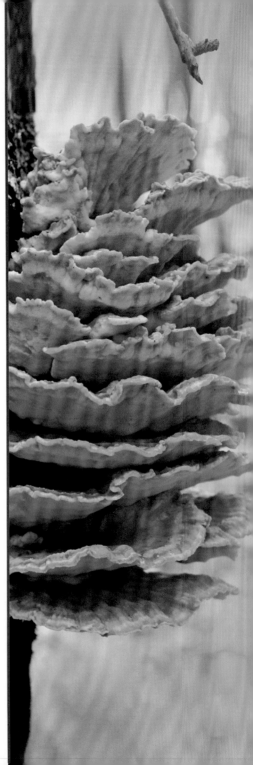

Teacher Created Materials

5301 Oceanus Drive
Huntington Beach, CA 92649-1030
http://www.tcmpub.com

ISBN 978-1-4333-7170-7

TABLA DE CONTENIDO

SIN VIDA

La jungla está viva. Viva con plantas. Viva con animales. Viva con sonidos, colores, movimientos y fragancias. Late y respira como si ella misma fuera un solo ser vivo.

En el espeso follaje de las junglas del mundo viven más **especies** de las que puedes imaginar. Pero año a año, incluso día a día, simplemente dejan de existir más y más especies. Si no se protegen, estos lugares que un día estuvieron llenos de vida se volverán silenciosos, grises y quietos.

Sin vida. **Extintos.**

rana verde de ojos rojos

lémur de collar blanco y negro >>

PARA PENSAR

- ➤ ¿Qué animales viven en las junglas del mundo?
- ➤ ¿De qué modos están en peligro?
- ➤ ¿Cómo podemos protegerlos?

tucán

EN PELIGRO

Con el paso del tiempo, la Tierra cambia. Algunas zonas se tornan más calurosas y húmedas. Otras, en cambio, pueden volverse más secas o más frías. Es natural que algunas especies no puedan tolerar estos cambios. No pueden florecer y prosperar. En algún momento dejan de existir. Pero cada vez más, las acciones de los seres humanos debilitan a especies que de otro modo serían saludables. Comienzan a estar **en peligro** de desaparecer. A veces se extinguen o desaparecen y son erradicadas del planeta.

Algunas personas piensan que solamente es triste que una especie esté en peligro o se extinga. Les da pena que los seres humanos ya no puedan verla. Sin embargo, que sea "triste" es el menor de los problemas. Todas las especies dependen unas de otras. La desaparición de una única especie puede tener resultados trágicos para todas.

flor de ceiba

tamarino león dorado

Difícil de imaginar

Se estima que en la Tierra existen actualmente 1,700,000 tipos de **organismos**. Estos incluyen más de:

- 300,000 especies de plantas
- 60,000 especies de animales (incluidos los seres humanos)
- 1,000,000 de especies de insectos, sabandijas y organismos similares del océano
- 50,000 especies de **hongos**, líquenes y organismos similares

tarántula

ESPECIES

Una especie es un tipo de forma de vida. Las panteras, los tucanes y las ceibas son todas distintas especies. En la historia de la Tierra han habido millones de especies. Ha habido vida durante muchos cientos de millones de años. Las diferentes especies prosperaron en diferentes épocas y de diferentes maneras. Y a veces, fueron desapareciendo naturalmente.

Reino	El grupo de seres vivos más grande se puede clasificar en el reino *Animalia*.	
Filo	Solo algunos de estos animales se pueden clasificar como *Chordata*. Tienen columna vertebral.	
Clase	Los mamíferos pertenecen a la clase *Mammalia*. La mayoría de los mamíferos tienen pelo y alimentan a sus crías con leche.	
Orden	La **taxonomía** divide a cada grupo en grupos más pequeños. Los animales en el orden de los *Carnivora* solo comen carne.	
Familia	Cada ser vivo corresponde a una categoría en cada nivel. La familia *Felidae* la conforman distintos tipos de felinos.	
Género	El género es la primera palabra en el nombre científico de una criatura.	
Especie	Aquí, el tigre entraría en las categorías *Animalia*, *Chordata*, *Mammalia*, *Carnivora*, *Felidae*, *Panthera*, y *Panthera Tigris*.	

El planeta tiene muchas formas de vida. Aquí coexisten plantas, animales, insectos y hongos. Viven en un sistema donde todas las especies dependen unas de otras. Los seres humanos también dependen de otras formas de vida. Ninguna especie puede sobrevivir por sí sola. Y lo que le ocurre a una especie afecta a muchas otras.

Desglose de las especies

La taxonomía es una manera de clasificar a los seres vivos en grupos según la relación que tienen entre sí. Todas las especies corresponden a uno de los seis reinos más amplios. El nombre de la especie es la manera más específica de describir a una planta o un animal. Una especie es un grupo de seres vivos compuesto por individuos que pueden tener descendencia **fértil**. En general, los científicos identifican a los animales por su género y el nombre de su especie, por ejemplo en *Panthera tigris*.

Interdependencia

Para mostrar las interconexiones que hay entre todas las especies de la Tierra necesitaríamos muchas páginas de un libro. Tal vez incluso sea imposible hacerlo. Pero aquí les damos un pequeño ejemplo de cómo algunas especies dependen de otras simplemente para alimentarse. Es una pequeña muestra de la cadena alimenticia de la jungla, donde podemos observar cómo las diferentes especies dependen unas de otras para sobrevivir. Debido a la **deforestación**, todo este sistema corre peligro de colapsar.

Los animales más grandes, como los guepardos, se comen a los animales más pequeños, como los babuinos.

Las plantas sirven de alimento a muchos animales como los insectos, los antílopes y los pájaros.

- ¿Qué criaturas le brindan energía a otras?

- ¿Qué plantas o animales dependen más de otras criaturas?

- ¿Qué ocurriría si una de las criaturas de más abajo se eliminara de la cadena?

Los animales con una dieta variada son más capaces de sobrevivir a los cambios en su medio ambiente. Los animales que se alimentan de un único tipo de planta o animal pueden estar en peligro con facilidad.

11

FACTORES DE PELIGRO

Los animales pueden estar en peligro por muchos motivos. Pero estos motivos se pueden agrupar en unos pocos factores principales. A veces, un **hábitat** natural cambia tanto que ya no es apto para las especies **nativas**. Con frecuencia, esto es el resultado de la actividad humana. Por ejemplo, los seres humanos talan árboles para usar la madera, cultivar la tierra o hacer lugar para construir carreteras y casas.

La sobreexplotación es el uso excesivo de un recurso **renovable**. Llega un punto en que dicho uso ya no se puede **sostener** o mantener. El exceso de pastoreo, pesca y tala son todas formas de sobreexplotación.

¡Está vivo!

El pecarí parece un cerdo, pero no lo es. En 1930, tras encontrar **fósiles** de la especie pero ningún ejemplar vivo, se creyó que el pecarí estaba extinto. Luego, en 1975 se encontró un pecarí vivo en Paraguay. Se cree que hoy en día hay alrededor de 3,000 de estas bestezuelas peludas vivas.

Extirpación

Cuando una especie desaparece de una zona en la que solía existir, pero todavía se encuentra en otros lugares, se dice que se extinguió localmente o que fue **extirpada**. Con frecuencia, la extirpación es una señal de que la especie está en peligro, si bien no siempre es así. La extirpación puede ser el resultado de una catástrofe local. Por ejemplo, algunas especies fueron extirpadas luego de una gran erupción volcánica.

Proteger a las especies nativas

Es preocupante cuando una especie desaparece, pero introducir especies nuevas también puede dañar una zona. Se pueden introducir especies no nativas a una zona cuando las personas llevan plantas y animales de otras partes del mundo. Esto puede ser algo accidental o intencional. Las nuevas especies pueden apropiarse de las zonas y modificar su equilibrio natural. Las especies no nativas también pueden propagarse mucho más lejos y mucho más rápido que en su zona nativa pues sus depredadores naturales no están para mantener el equilibrio de la **población**. Los animales que figuran abajo son ejemplos de especies no nativas destructivas.

Coipo

El coipo es un roedor semiacuático que se introdujo en Luisiana en la década de 1930. Originaria de Sudamérica, esta especie no nativa ha causado *graves* problemas en los humedales costeros. Los coipos tienen un apetito voraz por las raíces de las plantas que forman los humedales costeros y constituyen importantes barreras contra las tormentas. Lo que es peor, los roedores se reproducen con gran rapidez. En Estados Unidos hay más de 20 millones.

Carpa asiática

La carpa asiática se llevó de Asia a Estados Unidos para que eliminara las algas de los criaderos de peces. Pero debido a las inundaciones, la carpa quedó suelta y se propagó con rapidez. Su dieta pone en peligro a los peces nativos como el róbalo y la mojarra, ya que comen lo mismo.

Conejo europeo

Los conejos europeos son una gran amenaza en Australia. Han afectado tanto a las especies nativas como a la **agricultura**. Se introdujeron en Australia en el siglo XVIII y destruyeron la tierra. Los daños en los cultivos se traducen en pérdidas millonarias. Al comerse todas las plantas de la zona, también provocan **erosión** e impiden que las especies nativas se alimenten.

JUNGLAS DE ÁFRICA

Cuando las personas piensan en temperaturas tropicales, una flora densa y criaturas **exóticas**, con frecuencia piensan en las junglas africanas. Pero en las junglas de África, al igual que en las demás, algunas de las especies animales más extraordinarias están en grave peligro.

GORILA DE MONTAÑA

El gorila de montaña está en peligro. Los expertos estiman que quedan solo 790 ejemplares. El gorila es realmente un animal majestuoso. El macho puede llegar a medir más de seis pies de altura. La extensión de sus brazos abiertos puede superar los siete pies. ¡Puede pesar casi 500 libras! Para trasladarse, el gorila camina sobre los nudillos. Principalmente permanece en tierra, pero puede trepar a los árboles para buscar fruta, si el árbol soporta su peso. Los gorilas descansan durante largos períodos en la mitad del día.

Hogar y familia

Los gorilas viven en las selvas nebulosas de las montañas, donde las temperaturas son bajas. Viven en grupos pequeños de hasta 30 individuos. El macho defiende al grupo. Los bebés duermen con sus madres en los nidos. Si una madre muere o se va del grupo, el macho más viejo cuidará a su descendencia **abandonada** e incluso permitirá que el bebé duerma en su nido.

Espaldas plateadas

A los machos se les llama *espaldas plateadas* porque, con la edad, el pelo del lomo toma un color plateado o gris. Los espaldas plateadas son muy fuertes y poderosos. Cuando dos de ellos se encuentran, pueden pelear. Sus fuertes mandíbulas pueden provocar heridas muy profundas. Pero estas grandes bestias pueden ser amables con los jóvenes de su grupo. Los gorilas jóvenes luchan y se persiguen unos a otros, dan volteretas e incluso juegan con los espaldas plateadas, que con ternura toleran e incluso alientan los juegos.

¿Cuáles son las principales amenazas que enfrentan estas criaturas inteligentes? Son objeto de la **caza furtiva** para obtener sus cabezas, manos y pies como trofeos. A los bebés se los captura para venderlos como mascotas. Sus hábitats están desapareciendo debido al establecimiento de los seres humanos. Padecen enfermedades diseminadas por los seres humanos y los animales de granja. Incluso las guerras humanas han provocado la muerte de los gorilas.

Los espaldas plateadas que caen en las trampas a veces pueden quitarse las trampas de las manos o los pies.

¡Glotones!

Los gorilas comen principalmente plantas. Los machos pueden comer hasta 75 libras de vegetación por día, en tanto las hembras pueden comer hasta 40 libras.

El gorila oriental de planicie es similar al gorila de montaña y también está en peligro. Solo quedan alrededor de 5000 ejemplares en estado silvestre. Veinticuatro de estos hermosos animales se encuentran en zoológicos.

19

LEOPARDO AFRICANO

Es raro encontrar al leopardo africano fuera de las áreas protegidas. Y cada vez hay menos. Los leopardos viven solos, si bien las hembras viven con sus cachorros. Están más activos durante la noche, cuando cazan más. Se ha descubierto que viven en diferentes tipos de hábitats, desde selvas tropicales hasta desiertos o sabanas. Incluso se han encontrado en lo alto de las montañas.

Hermosas pieles

La piel de los leopardos no tiene realmente manchas sino rosetas negras. Las rosetas son grupos de manchas oscuras alrededor de una zona central más clara. La mayor parte de su piel tiene un color que va del amarillo claro al dorado oscuro o tostado, dependiendo del hábitat del leopardo. El color de la piel sirve como **camuflaje**. Algunos leopardos pueden ser totalmente negros. Con frecuencia, a estos leopardos se les llama *panteras negras*.

Escondites

Los leopardos son excelentes trepadores. Con frecuencia colocan a los animales que cazan: inclusive los más grandes, como las jirafas o los antílopes: arriba de los árboles. Gracias a estos escondites, es muy difícil que otros animales le quiten su caza.

Pueden saltar una distancia de 20 pies y una altura de 10 pies!

Los leopardos son excelentes cazadores, **ágiles** y pacientes, con mandíbulas fuertes y garras largas. Son astutos y sigilosos y prefieren acercarse a la presa antes de abalanzarse sobre ella.

¿Cómo pueden estos ágiles cazadores con un instinto de supervivencia tan grande estar en peligro? Están en peligro por culpa de los seres humanos. Están perdiendo sus hábitats debido a los asentamientos humanos. Además, los seres humanos los matan porque los consideran una amenaza para los animales de granja. Y con frecuencia también para tenerlos como trofeos.

Grandes felinos

Los leopardos machos pesan entre 80 y 200 libras. Las hembras pesan entre 60 y 130 libras.

La hora de la cena

Los leopardos son **carnívoros**, es decir, que comen carne. Principalmente cazan animales como antílopes, gacelas o venados. Pero también se alimentan de muchos otros tipos de animales, como conejos, ratas, reptiles, pájaros, escarabajos peloteros y otros insectos.

MANDRIL

El mandril es la especie de monos más grande
y es similar al babuino. Vive principalmente en las
selvas tropicales. Las hembras viven en grandes
grupos llamados *hordas*. En general, las hordas tienen
cientos de miembros. Los machos llevan una vida más
solitaria. Solo se unen a la horda durante la época
de apareamiento. El mandril corre riesgo porque
se lo caza para obtener su carne. Además, los seres
humanos están destruyendo sus hogares.

Si bien los mandriles pasan la mayor parte del tiempo
en el suelo, por la noche duermen en los árboles.

¡Qué dientes tan grandes tienes!

Los mandriles tienen dientes caninos muy largos. Los dientes caninos de los machos pueden medir casi dos pulgadas de largo, en tanto los de las hembras miden hasta una pulgada.

¡A todo color!

Es probable que el mandril sea el **primate** más colorido del mundo. Tiene un pelaje de color verde oscuro o gris, con bandas amarillas y negras y la panza blanca. El rostro es pelón, con una raya roja en el medio y aletas laterales azules. Las narinas y los labios son rojos, la barba es amarilla y tiene copetes de pelo blanco cerca de las orejas. Su trasero es rojo, rosado, azul y morado.

25

CHIMPANCÉ

Los chimpancés viven en grandes grupos. Se comunican con sonidos, gestos y expresiones faciales. Utilizan piedras, palos, pasto y hojas como herramientas. Las usan principalmente para obtener agua y alimentos. También afilan y modifican los palos para hacer herramientas mejores. Los chimpancés viven en muchos hábitats. Pero principalmente viven donde hay muchos árboles. Construyen nidos para dormir. Les gusta comer frutas y otras partes de las plantas. También comen insectos, pájaros, huevos y animales pequeños: incluso monos. Las mayores amenazas para los chimpancés son la destrucción del hábitat, la caza furtiva y las enfermedades. La construcción de nuevas rutas ha dañado sus hábitats y separado a los grupos.

Grandote

El chimpancé adulto puede tener casi el mismo tamaño que un adulto humano pequeño. Pesa entre 70 y 130 libras y puede medir poco más de 5 pies de alto.

Los chimpancés están cubiertos de pelo negro, pero no tienen pelo en el rostro, los dedos de las manos y los pies y las palmas.

Movilidad

Los chimpancés pasan el tiempo en los árboles o en el suelo. Pueden caminar distancias cortas sobre las patas traseras, pero en general caminan usando las manos y los pies.

Gracias a las nuevas rutas, los cazadores furtivos pueden llegar hasta donde están los chimpancés con más facilidad.

JUNGLAS DE ASIA

Las junglas de Asia están llenas de especies singulares. Hay plantas extrañas y malolientes y sabandijas espeluznantes. Pero en estas junglas también viven algunos de los animales más hermosos de la Tierra. Lamentablemente, algunas de estas criaturas hermosas están en graves problemas.

Un gato muy grande

El tigre es el felino más grande de la Tierra. Su cuerpo puede medir más de siete pies de largo y más de tres pies de altura a la altura de los hombros. Los machos son más grandes que las hembras. Pueden pesar hasta 500 libras, en tanto las hembras pueden pesar más de 300 libras.

TIGRE DE BENGALA

El tigre de Bengala vive en las junglas y las selvas de la India y algunos países cercanos. En estado silvestre, los tigres de Bengala suelen vivir solos.

El pelaje del tigre de Bengala es espectacular. Es anaranjado claro o amarillo con rayas de color marrón oscuro o negro. El pelo del rostro, la panza, las orejas y las patas es blanco. El color de su pelaje es un buen camuflaje. Ayuda a los tigres a esconderse cuando rastrean a una presa. Pero su piel es muy codiciada por los cazadores furtivos. La caza furtiva y la pérdida del hábitat han colocado al tigre de Bengala en la lista de especies en peligro.

Tigre blanco

Algunos tigres de Bengala tienen un pelaje blanco con rayas negras. Estos tigres son menos comunes que los anaranjados o amarillos.

ELEFANTE ASIÁTICO

El elefante asiático es más pequeño que su primo africano. Pero aun así, pesa más de 10,000 libras. Vive en muchos tipos de selvas y sabanas de Asia. Come pastos y plantas: ¡hasta 330 libras por día! Los elefantes son famosos por sus trompas. Entre otras cosas, usan las trompas para comer.

También se los admira por sus colmillos. Los usan, por ejemplo, para cavar y obtener agua, para luchar y para partir las ramas de los árboles. A los elefantes asiáticos les gusta vivir en grupo. Pero esto no los protege de los cazadores furtivos, que los matan para obtener sus colmillos. Los elefantes también están en peligro debido a la deforestación, que hace que sus hogares desaparezcan.

La piel del elefante asiático puede tener un grosor de más de una pulgada.

Los elefantes usan sus trompas para respirar, beber, comer, tocar, quitar el polvo, comunicarse, lavar, apretar, agarrar y luchar.

Primo vulnerable

El elefante africano está en peligro por los mismos motivos que el elefante asiático. Es el animal terrestre más grande vivo. Los machos pueden medir hasta 13 pies de altura y pesar hasta 13,330 libras.

Gigante

El elefante asiático macho puede pesar hasta 12,000 libras y medir hasta 10 pies a la altura de los hombros. La hembra pesa hasta 9,200 libras y puede medir más de 8 pies a la altura de los hombros.

Pérdidas invisibles

Si un animal grande, como el elefante, está en peligro, los investigadores se enteran del problema. Contarlos es fácil y es fácil darse cuenta cuando hay menos. Pero algunas de las pérdidas más preocupantes son las de los animales que ni siquiera sabíamos que existían. En la jungla viven millones de especies que no hemos descubierto: grandes y pequeñas. Es imposible saber cuántas de estas criaturas sin descubrir se han perdido. Pero, ¿y si alguna de estas especies hubiera dado a los seres humanos ideas que habrían mejorado nuestras vidas?

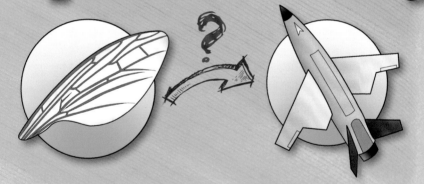

Los científicos estiman que solo se ha identificado el 40 por ciento de los insectos. ¿Y si las alas de un insecto desaparecido hubieran servido de inspiración para diseñar una nueva nave espacial?

En los útimos años, los científicos descubrieron un delfín rosado, un papagayo pelado y un cangrejo peludo. ¿Qué más encontrarán?

En los últimos 10 años, los investigadores encontraron más de 1,200 especies solo en la Amazonia. ¿Y si un mono que nunca se descubrió hubiera dado pistas para explicar las relaciones humanas?

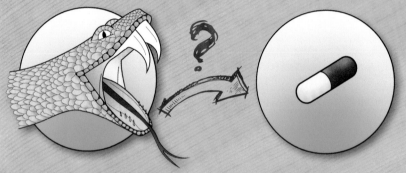

El veneno de una serpiente no descubierta podría ser la clave para desarrollar nuevos tipos de medicamentos.

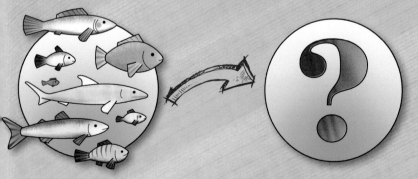

En los ríos de las junglas hay cientos de peces todavía por descubrir. Los investigadores dicen que hay demasiados peces y poco tiempo para encontrarlos a todos.

PANDA GIGANTE

El panda gigante es un tipo de oso. Vive en China. Los pandas son famosos por su singular pelaje blanco y negro. Viven solos, excepto durante la época de reproducción. El panda gigante está amenazado debido a la pérdida del hábitat y a la bajísima tasa de natalidad. Los cazadores furtivos desean su piel. Sin embargo, gracias a los esfuerzos de **conservación** se ha logrado aumentar la cantidad de pandas en estado silvestre.

Si bien en las fotografías aparecen mucho en los árboles, en realidad los pandas pasan la mayor parte del tiempo en el suelo.

En las patas tienen cinco dedos y un pulgar. El pulgar es un hueso especial que ayuda al panda a sostener el bambú mientras come.

La dieta del panda

Si bien los pandas son osos, principalmente comen bambú: hasta 30 libras por día. Tienen rostros redondos, delineados por los fuertes músculos de las mandíbulas, con las que trituran y muelen el fibroso material del bambú.

Oso malayo

El oso malayo, también llamado oso mielero, es vulnerable debido a la caza furtiva y al desarrollo humano. Este oso pequeño vive principalmente en las selvas tropicales. Usa su lengua larga para obtener miel de las colmenas. El oso malayo no ve muy bien, pero usa su agudo sentido del olfato para encontrar comida. Tiene una marca de un color amarillo a naranja claro en el pecho que parece una quemadura de sol.

GIBÓN DE MANOS BLANCAS

El gibón de manos blancas es un tipo de simio. Su pelaje va del beige al negro. Pero las manos, los pies y el pelo de alrededor del rostro son de color blanco. El gibón de manos blancas pasa la mayor parte del tiempo en los árboles. Come frutas, hojas, insectos, flores y a veces huevos de pájaros.

Este animal está en peligro debido a la pérdida del hábitat provocada por el desarrollo humano. Los seres humanos también lo cazan para comerlo. Lamentablemente, a veces se mata a los padres para capturar a los bebés y tenerlos como mascotas.

Dentudo

Tanto los machos como las hembras del gibón de manos blancas tienen dientes caninos muy grandes y afilados. Pueden usarlos para defenderse de los depredadores y otros rivales. En general, los demás gibones hembra y otros primates no tienen dientes tan grandes y afilados.

El gibón de manos blancas vive principalmente en los bosques del sureste de Asia.

Acróbatas de la jungla

Muchas personas consideran a los gibones de manos blancas como los primates más rápidos y ágiles en los árboles. Tienen brazos largos y son buenos braquiadores, es decir, que se desplazan por la selva balanceándose de rama en rama con los brazos. A veces pueden llegar a "volar" de 40 a 50 pies entre una rama y otra.

ÁGUILA FILIPINA

El águila filipina vive principalmente en las Filipinas. Esta ave tiene plumas marrones y blancas y una **cresta** greñuda que parece la melena de un león. Es un ave grande y poderosa, con patas fuertes y garras grandes. Cuando vuela es rápida y ágil. Esta águila está en grave peligro debido a la pérdida del hábitat y la deforestación. Otras graves amenazas son la contaminación y la caza furtiva.

También se la conoce como *águila monera*.

Glotona

Aunque se la conoce como *águila monera*, esta ave también come otros animales grandes, como zorros voladores, serpientes grandes y otros pájaros grandes. ¡Incluso se ha dicho que las águilas filipinas atrapan cochinillos y perros pequeños!

La expectativa de vida del águila filipina en estado silvestre es de entre 30 y 60 años.

MARIPOSA ALAS DE PÁJARO REINA ALEXANDRA

La mariposa alas de pájaro Reina Alexandra se encuentra principalmente en Papúa, Nueva Guinea. Es la mariposa más grande del mundo. ¡La extensión de las alas de las hembras puede llegar a 12 pulgadas!

Esta mariposa está en peligro debido a la pérdida de su hábitat. Esto es consecuencia del desarrollo humano y de la gran erupción volcánica de 1951. Los coleccionistas buscan a esta mariposa. Pueden pagar miles de dólares por un ejemplar. Pero venderlas es ilegal.

Machos territoriales

Las mariposas alas de pájaro macho vuelan con gran destreza y son sumamente **territoriales**. Patrullan su zona y ahuyentan a otras mariposas macho e incluso a pájaros pequeños.

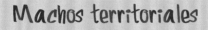
Las mariposas alas de pájaro adultas pueden vivir durante tres meses o más.

Las hembras, más grandes que los machos, son menos coloridas. En general tienen alas marrones con manchas blancas, mientras que las alas de los machos son marrones con grandes parches de color azul y verde brillante.

Larvas de alas de pájaro

En el transcurso de su vida, las hembras pueden poner hasta 27 huevos. Ponen los huevos en un tipo de planta específico llamado *vid pipa*, cuyas flores tienen forma de pipa. Las larvas comen partes de la vid pipa luego de nacer.

Los orangutanes principalmente comen frutas, pero también hojas de plantas, insectos, miel y huevos de pájaros.

ORANGUTÁN

Los orangutanes tienen un pelaje marrón anaranjado. Pasan la mayor parte del tiempo en los árboles. Usan sus brazos largos y fuertes para columpiarse con suavidad y confianza de una rama a otra. Usan los pies como un segundo par de manos.

No viven en grupos como otros primates. Después de los primeros dos o tres años de vida, en general viven solos. Pero pueden sobrevivir muy bien. Fabrican herramientas y construyen refugios cómodos.

Las amenazas que afectan a los orangutanes incluyen la caza furtiva, la destrucción del hábitat y la captura y venta como mascotas ilegales. Pero hay muchas personas que trabajan para ayudar a los orangutanes a sobrevivir en Borneo y Sumatra.

Los machos, más grandes y **dominantes,** tienen grandes adiposidades en torno al hocico y emiten gritos para atraer a las hembras y espantar a otros machos grandes.

Gran inteligencia

Los orangutanes demostraron ser capaces de resolver problemas difíciles, durante pruebas llevadas a cabo por científicos. Incluso pueden jugar juegos de computadora.

JUNGLAS DE SUDAMÉRICA

En las junglas de Sudamérica viven algunas de las especies más interesantes del planeta. Pero la pérdida del hábitat y otras amenazas ponen en peligro a muchas de estas especies. A pesar de ser pocas, estas criaturas singulares son inolvidables.

PEREZOSO DE COLLAR

El perezoso de collar vive en los árboles de las selvas costeras de Brasil. Se llama así debido al pelo largo y negro que le cubre el cuello y los hombros. Los perezosos son famosos por sus movimientos muy lentos. ¡Pueden pasar el 80 por ciento del tiempo durmiendo! Se cuelgan de las ramas de los árboles con sus largas garras y es muy raro que bajen. Cuando lo hacen, no pueden estar de pie o caminar. Se arrastran por el suelo.

El perezoso está en peligro debido a la caza. También está perdiendo su hábitat debido a la tala de árboles, la agricultura y la ganadería.

Los perezosos de collar tienen un pelaje que va del marrón claro al gris y un pelaje corto blanco y negro. La cabeza es pequeña, con una máscara de pelo negro.

Amigos en el pelaje

En el grueso pelaje externo del perezoso viven muchos seres vivos como ácaros, garrapatas, escarabajos, polillas y algas.

TAMARINO LEÓN DORADO

El tamarino león dorado es un mono pequeño que vive en las selvas tropicales de Brasil. Se le llama así debido a su pelaje de color brillante y al pelo largo alrededor del rostro.

Las colas de los tamarinos adultos son más largas que sus cuerpos. Pero no pueden usarlas para agarrar cosas como lo hacen otros monos. Corren y saltan entre las ramas para ir de un árbol a otro. Al moverse, se parecen más a las ardillas que a otros monos que se balancean entre las ramas.

La tala de árboles, la caza furtiva y la minería están poniendo en peligro al tamarino.

Primate con garras

Al igual que otros monos de Norteamérica y Sudamérica, el tamarino león dorado tiene uñas que parecen garras. Las uñas le ayudan a trepar y a sostenerse en los árboles y las ramas cuando se desplaza por la jungla.

El tamarino león dorado también se conoce como *tití leoncito*.

Los tamarinos viven en pequeños grupos de 8 a 10 ejemplares. Son **omnívoros**, pero principalmente comen fruta, flores, y néctar.

JAGUAR

El jaguar de grandes manchas tiene un aspecto muy parecido al del leopardo, pero es más grande y más fuerte. El adulto vive solo excepto durante la época de apareamiento.

Los jaguares están en la cima de la cadena alimenticia. Ayudan a mantener el equilibrio en la jungla. Sus cacerías evitan que otros animales asuman el control de la zona. Dado que las junglas están amenazadas, los jaguares también están en peligro. La pérdida del hábitat está provocando la desaparición del jaguar. Además, los granjeros y los rancheros matan a los jaguares para proteger el ganado.

Los jaguares cazan al acecho, es decir, preparan una especie de emboscada.

¿Un gato nadador?

Si alguna vez tuviste un gato como mascota, probablemente sepas que a la mayoría de los gatos no le gusta nadar, o incluso mojarse. A la mayoría de los gatos salvajes le pasa lo mismo. Sin embargo, parecería que a los jaguares les gusta el agua y, al igual que los tigres, son buenos nadadores.

Los jaguares viven en las densas junglas y selvas de Sudamérica y América Central. En su mayoría, fueron extirpados de Norteamérica.

Los jaguares son famosos por sus fuertes mandíbulas. ¡Pueden atravesar el caparazón de una tortuga con los dientes!

GUACAMAYO AZUL

El guacamayo azul es un papagayo que vive en las junglas de Sudamérica. Sus plumas son azules. Tiene un pequeño anillo de piel amarilla alrededor de los ojos y cerca del pico. Su pico negro es fuerte y curvo. Puede llegar a romper cocos y semillas grandes.

Los guacamayos prefieren vivir en las partes de la jungla menos frondosas, donde es más fácil volar. Estos hermosos pájaros están en peligro principalmente debido a la pérdida del hábitat y al comercio ilegal de mascotas.

El Zoológico de Minnesota trabaja para proteger al guacamayo azul.

Pájaro grande

Los guacamayos azules adultos pueden medir poco más de tres pies desde la punta de la cabeza hasta la punta de la cola. Por lo tanto, son los guacamayos más grandes y los papagayos voladores más grandes del mundo.

JUNGLAS DE NORTEAMÉRICA

La selva Hoh, en el estado de Washington, es la única jungla de Norteamérica. Una de la especies que viven allí se ha convertido en el símbolo de las especies en peligro de la zona.

MÉRGULO MARMOLEADO

El mérgulo marmoleado vive en las selvas y los mares del estado de Washington. Anida en los grandes árboles de las selvas vírgenes. Se alimenta en el océano circundante. Este pequeño pájaro tiene un pico delgado de color negro. Sus plumas cambian de color según la estación. Los expertos piensan que está en peligro debido a que la tala está destruyendo su hábitat.

En verano, el mérgulo tiene plumas con manchas marrones.

En la actualidad, se considera que los cambios climáticos en el océano son también una de las causas por las que el mérgulo se encuentra en peligro.

Tanto el macho como la hembra comparten la responsabilidad de abrigar y proteger a los huevos hasta que nazcan las crías.

FORMAS DE AYUDAR

Es importante para todos, para las personas y los animales por igual, que hagamos todo lo posible para proteger a las especies en peligro. Ya estamos logrando avances. De las especies que en la década de 1970 figuraban en peligro, hoy en día más del 60 por ciento está estable. Pero muchos investigadores piensan que las pérdidas más graves todavía están por ocurrir. Y que todavía tenemos por delante el trabajo más importante.

La *National Wildlife Federation* es una de muchas organizaciones dedicadas a proteger a los animales.

Ayudar

Habla con tu familia sobre las organizaciones dedicadas a proteger el medio ambiente y a ayudar a los animales amenazados o en peligro a recuperarse. Ponte en contacto con estas organizaciones para ver cómo puedes ayudar.

Entonces, ¿qué puedes hacer?

Proteger el medio ambiente

Recuerda siempre las tres R: **reducir, reutilizar y reciclar**. Poner en práctica las tres R ayuda mucho al medio ambiente y a muchas especies de animales.

Proteger los hábitats

Puedes plantar flores nativas para las abejas y los pájaros que se alimentan del néctar. Evita contaminar las selvas y las aguas cercanas.

¡MÁS EN PROFUNDIDAD!

¿Quiénes hacen la diferencia?

Muchas personas en todo el mundo trabajan para proteger a las especies en peligro y sus entornos. Algunos fueron los primeros héroes del movimiento. Otros todavía van abriendo caminos. Conoce quiénes son. ¡Tal vez tú también desees unírteles!

World Wildlife Fund for Nature

www.wwf.org

El *World Wildlife Fund* (WWF) es una organización internacional no gubernamental que trabaja para conservar, estudiar y recuperar el medio ambiente. Más de 5 millones de colaboradores trabajan en más de 100 países de todo el mundo. Se centra en la conservación de tres biomas: selvas, **ecosistemas** de agua dulce y océanos y zonas costeras.

Buena amiga de los gorilas

Dian Fossey estudió a los gorilas durante más de 18 años y fue una gran defensora de la protección de los gorilas y otros animales. Fue asesinada en 1985, a los 53 años. Su asesinato nunca se resolvió, si bien muchas personas creen que fue asesinada por los cazadores furtivos de gorilas.

Paladina de los chimpancés

Jane Goodall es una científica muy conocida, que probablemente sepa más sobre los chimpancés que cualquier otra persona. Ha estudiado a los chimpancés, principalmente en África, durante muchos años. Escribió varios libros sobre sus experiencias y observaciones.

Autoridad en orangutanes

Birute Galdikas nació en Alemania y fue educada en Norteamérica. Ha estudiado a los orangutanes durante más de 30 años y se la considera la principal autoridad en la materia. Antes de sus estudios de campo, los científicos sabían muy poco sobre estos animales. Buena parte de lo que hoy se sabe sobre los orangutanes proviene de su trabajo de campo, con el apoyo de la *National Geographic Society*.

Hacer la diferencia

GLOSARIO

abandonada: sin protección, apoyo o ayuda

ágiles: rápidos y con buena coordinación

agricultura: ciencia o actividad vinculada al cultivo de la tierra

camuflaje: color de la piel o el pelaje que protege al animal y le permite mezclarse con su entorno

carnívoros: animales que solo comen carne

caza furtiva: matar ilegalmente o robar a un animal para obtener una ganancia

conservación: protección de especies animales y vegetales y del medio ambiente

cresta: penacho de plumas en la parte superior de la cabeza

deforestación: eliminación de selvas y árboles

dominantes: que dirigen o tiene gran influencia sobre los demás

ecosistemas: todas las plantas, animales y demás elementos de una zona en particular

en peligro: amenazadas y en riesgo de extinción

erosión: destrucción gradual de algo debido a fuerzas naturales como el agua, el viento o el hielo

especies: grupos de animales específicos con características comunes

exóticas: que no pertenecen a una zona en particular

extintos: que ya no viven o existen

extirpada: extinta en una zona, pero que todavía existe en otras

fértil: capaz de dar vida

florecer: crecer prolíficamente

fósiles: restos, impresiones o rastros de seres vivos que existían hace mucho tiempo

hábitat: entorno natural donde se vive

hongos: grupo de organismos que incluye setas, mohos y levaduras

nativas: que pertenece naturalmente a una zona

omnívoros: animales que comen carne y plantas

organismos: seres vivos como personas, plantas o animales

población: grupo de una o más especies de organismos vivos en una zona o hábitat particular

primate: animal, incluidos los simios y los seres humanos, con manos y pies flexibles, pulgares oponibles, buena visión y cerebro altamente desarrollado

renovable: que se puede recuperar

sostener: realizar sin interrupción

taxonomía: clasificación ordenada de plantas y animales según la relación natural que se presume que tienen

territoriales: que protegen la zona en donde viven y ahuyentan a los intrusos

ÍNDICE

BIBLIOGRAFÍA

Bortolotti, Dan. *Panda Rescue: Changing the Future for Endangered Wildlife.* Firefly Books, 2003.

Ingresa al bosque de bambú, el hogar del amado panda. Este libro te muestra los peligros que enfrenta el panda y te sugiere algunas formas de ayudarlo.

Cohn, Jessica. *Hand to Paw: Protecting Animals.* Teacher Created Materials, 2013.

Las personas pueden ayudar a proteger a los animales de los peligros de muchas maneras. Aprende sobre diversos animales y qué podemos hacer para ayudarlos. Descubre qué profesiones permiten a las personas ganarse la vida ayudando a los animales.

Holsey, Kellie. *The Secret Sloth.* Winter Goose Publishing, 2011.

Cuélgate y conoce al fantástico perezoso. Los dibujos hechos a mano dan vida a este intrigante animal. Parte de las ganancias de este libro se destinarán a apoyar a la organización *Kids Saving the Rainforest*.

Radley, Gail. *Vanishing from Forests and Jungles.* Carolrhoda Books, 2001.

Los animales de la jungla son algunos de los animales más exquisitos y diversos del planeta. Pero algunos de ellos están en peligro de extinción. Este libro incluye información y un mapa donde se describen las vidas y la ubicación de 10 animales de la jungla en peligro. También incluye un poema para cada animal.

MÁS PARA EXPLORAR

Amazon Rainforest

http://www.sheppardsoftware.com/content/animals/kidscorner/endangered_animals/endangeredanimals_1.htm

Aprende más sobre algunos de los animales en peligro de la Amazonia, como el jaguar, el tamarino león dorado y la rana venenosa de dardo. También aprenderás sobre los problemas que enfrentan y cómo puedes ayudarlos.

Kids Saving the Rainforest

http://www.kidssavingtherainforest.org/main.html

Únete a Janine y sus amigos en su lucha para salvar las selvas tropicales. Puedes "adoptar" árboles y animales y hacer donaciones para ayudar en el tratamiento de animales de la selva tropical enfermos o lastimados.

Kids for Forests

http://archive.greenpeace.org/kidsforforests/about.html

Sal en defensa de las selvas vírgenes y los animales que viven allí. Participa de proyectos creativos y escribe cartas para ayudar a llamar la atención sobre la reducción de las selvas.

Endangered Animals Quiz

http://animals.nationalgeographic.com/animals/endangered-animals-quiz

¿Sabes cuántos felinos grandes se extinguieron en el transcurso de tu vida? Pon a prueba tus conocimientos sobre los animales en peligro con este cuestionario. Tal vez te sorprenda lo que descubras.

William B. Rice se crió en Pomona, California, y se graduó en Geología en la Universidad Estatal de Idaho. Trabaja en una agencia del estado de California que lucha por proteger la calidad de los recursos de agua superficiales y subterráneos. Proteger y preservar el medio ambiente es importante para él. William está casado, tiene dos hijos, y vive en el sur de California.